서로 돌아보아…

네비게이토 선교회는
국제적이며 복음적인 기독교 기관이다.
예수 그리스도께서는 자기를 따르는 자들에게
"너희는 가서 모든 족속으로 제자를 삼으라"
(마태복음 28:19)는 지상사명을 주셨다.
네비게이토 선교회는 세계 모든 국가에서
예수 그리스도의 일꾼들을 배가시켜
이 지상사명의 성취를 돕는 것을
근본 목표로 하고 있다.

네비게이토 출판사는
네비게이토 선교회의 문서 선교를 담당하고 있다.
본 출판사에서는 그리스도인의 영적 성장을 돕는
서적과 자료들을 출판하여,
그리스도인의 삶의 기초가 견고한
헌신된 제자로 성장하게 하고,
나아가 성숙한 인격과 지도력을 갖춘
일꾼이 되도록 돕고 있다.

저 자 : 하 진 승
　　　한국 네비게이토 선교회 원로 회장

서로 돌아보아…

하 진 승

출판사
TO KNOW CHRIST AND TO MAKE HIM KNOWN

차 례

교제에 충실한 삶 ················· 7

Ⅰ. 교제의 기초 ················· 9
   1. 믿음
   2. 소망

Ⅱ. 교제의 요소 ················· 27
   1. 서로 돌아봄
   2. 사랑과 선행을 격려함
   3. 모이기를 힘씀

Ⅲ. 교제의 절박성 ················· 53
   그날이 가까움을 볼수록…

교제에 충실한 삶

성경에는 그리스도인의 교제에 관한 말씀들이 많이 있습니다. 그리스도인들이 자신들의 모든 것을 함께 나누며 교제하는 아름다운 모습을 보여 주는 말씀도 있고 교제에 대하여 강하게 권면하는 말씀도 있습니다. 그중 히브리서 10:24-25은 그리스도인의 교제가 어떠해야 하는가를 간단하면서도 분명하게 보여 주는 말씀입니다. "서로 돌아보아 사랑과 선행을 격려하며 모이기를 폐하는 어떤 사람들의 습관과 같이 하지 말고 오직 권하여 그날이 가까움을 볼수록 더욱 그리하자." 이 말씀은 그날, 즉 주님이 다시 오실 날이 가까움을 볼수록 그리스도인들은 더욱 열심으로 서로를 권면하고 사랑하는 교제 가운데 머물러 있으라고 권고하고 있습니다.

교제는 공동의 관심과 목적을 가지고 서로 모여 사귀는 것입니다. 그러나 그리스도인의 교제는 단순히 사람들끼리 모여 서로 사귀는 세상의 교제와는 그 기초부터가 다릅니다. 앞의 히브리서 10:24-25 말씀 앞에 나오는 22-23절 말씀을 주의 깊게 살펴보면 그 기초가 무엇인지 발견할 수 있습니다. 이 기초는 그리스도인들이 서로 모여 사귐을 나누기에 앞서 갖추어지고 다져져 있어야 합니다.

Ⅰ. 교제의 기초

 우선 히브리서 10:22에 보면 "우리가 마음에 뿌림을 받아 양심의 악을 깨닫고 몸을 맑은 물로 씻었으니, 참마음과 온전한 **믿음**으로 하나님께 나아가자"라고 하였는데, 이 말씀 중 "믿음"이라고 한 곳을 주목해 보십시오. 그 다음 23절에서는 "또 약속하신 이는 미쁘시니 우리가 믿는 도리의 소망을 움직이지 말고 굳게 잡아…"라고 하였는데, 여기서는 "소망"이라고 한 곳을 주목해 보십시오. 이제 주목해 본 말씀들을 염두에 두고 22절부터 24절까지 연결하여 읽어 보면, "믿음으로 하나님께 나아가… 소망을 움직이지 말고 굳게 잡아… 서로 돌아보아 사랑과 선행을 격려하며…"로 이어집니다. 여기서 우리는 24-25절의 교제의 권면은 그 앞에 나오는 믿음과 소망을 바탕으로 하고 있다는 사실을 발견하게 됩니다.

 그러므로 믿음과 소망이라는 두 기초가 없이는 결단코

정상적인 그리스도인의 교제는 이루어질 수 없습니다. 만약 이 두 가지가 빠진 어떤 교제가 있다면 그것은 단순한 인간 중심의 사귐에 불과하게 됩니다. 이 믿음과 소망은 교제를 하나의 집이라고 가정할 때 그 집을 든든하게 받쳐 주는 두 개의 주춧돌과 같습니다. 이 두 주춧돌 위에 여러 개의 기둥과 서까래와 설주 등이 연결되고 상합하여 아름다운 그리스도인의 집으로 지어져 갈 수 있는 것입니다. 믿음과 소망의 두 기초가 없으면 이 교제의 집을 세속적 기초 위에 세우기 때문에 결국 세상에 대한 욕심에 사로잡혀 이기적이며 자기중심적인 삶을 살 수밖에 없습니다. 이런 사람은 자기의 세상적 욕심을 충족시켜 줄 사람만 찾아다니기 때문에 주님의 관심으로 서로를 돌아보고 서로의 참필요를 채워 주는 교제로부터는 멀어지게 되는 것입니다. 그리스도인의 교제 가운데 있음으로 인하여 각 사람의 믿음과 소망이 더 든든해지는 것도 사실이지만, 한편 믿음과 소망의 두 기초가 든든할 때 또한 그리스도인의 사랑의 교제가 더욱 아름답게 세워져 가게 됩니다. 우리의 교제가 믿음과 소망의 기초 위에 세워지지 못한다면 이는 바벨탑을 쌓은 사람들의 교제에 불과한 것이 되며 이 같은 것은 하나님께서 결코 기뻐하시지 않습니다. 그러므로 각 사람이 정상적인 교제 가운데 있지 못하다고 생각될 때에는 먼저 자신의 믿음과 소망의 두 기초가 든든히 다져져 있는지를 살펴야 합니다.

1. 믿음

히브리서 10:22 말씀을 자세히 읽어 보면 이 믿음은 두 가지 면에서 확신을 가지는 믿음인 것을 알 수 있습니다. 첫째로, 우리는 그리스도의 보혈로 말미암아 자신의 죄가 깨끗이 씻어진 것에 대한 확신을 가져야 합니다. 이것은 죄 사함에 대한 확신이며 구원의 확신입니다. 우리의 믿음은 우선 자신이 구원받은 것을 하나님의 말씀을 통하여 스스로 확인할 수 있는 믿음이어야 합니다(고린도후서 13:5 참조). 둘째로, 우리는 구원받은 이후에 그대로 주저앉아 있는 것이 아니라, 이제는 하나님의 자녀로서 깊은 신뢰심 가운데 하나님 앞에 나아가 그분과 긴밀한 교제를 나누는 믿음이 필요합니다.

우리가 이전에는 모두 다 죄 가운데 있었습니다. 죄를 부끄러워하지 않고 도리어 자랑하기도 했습니다. 이처럼 소망 없던 우리를 하나님께서는 그리스도의 보혈로 말미암아 죄 사함을 받게 해주시고 하나님의 자녀로 거듭나게 해주셨습니다. 하나님의 자녀가 되었는지 혹은 그렇지 못한지는 우리의 막연한 상상이나 느낌으로 아는 것이 아니며, 혹은 무슨 신비한 체험을 통해서 확인하는 것도 아닙니다. 하나님께서 말씀에서 약속해 주신 사실을 그대로 믿음으로써 확신하게 되는 것입니다. 지금 22절에서 우리에게 가르쳐 주는 바는 바로 우리가 주님의 십자가에서의 피 뿌림으로 인하여 정결케 되었다는 사실입니다. 그리고 이제부터는 구원받은 사실을 확신하는 믿음을 가질 뿐만 아니라, 깊은 신뢰심 가운데서 하나님 앞에 나아가 교제하는 믿음을 아울러 가질 것을 가르쳐 주고 있습니다.

구원의 확신이 있다고 하지만 삶 가운데 하나님과의 교제가 없다면, 이것은 아직 그 믿음이 온전하지 못한 반쪽의 믿음에 불과하다는 것을 나타내는 것입니다. 사실 과거에는 우리가 하나님과 교제를 갖는다는 것은 도무지 상상할 수도 없는 것이었습니다. 우리는 자기보다 나이가 좀 많다든가, 지위가 높다든가, 배운 것이 더 있다든가 하여 무엇인가 자기와 큰 차이가 있다고 느껴지는 사람과는 잘 교제할 수 없게 되는 것을 봅니다. 자연스럽지가 못하고 두려움마저 생기곤 합니다. 사람과 사람 사이에 약간의 차이가 있는 경우에도 이러한데, 죄인 된 우리가 거룩하시고 만물의 주님이시며 절대자이신 하나님과 교제한다는 것은 어떻겠습니까? 도무지 상상할 수도 없는 것입니다. 하잘것없는 죄인에 불과한 우리 각 사람에게는 그런 교제가 전혀 상관이 없는 일인 것처럼 생각되는 것이 당연할 것입니다. 그러나 그런 생각은 어디까지나 우리가 그렇게 감정적으로 느끼는 것이지 사실은 아닙니다. 성경 말씀은 우리에게 그렇게 전하고 있지 않기 때문입니다.

히브리서 4:16 말씀을 보면, "그러므로 우리가 긍휼하심을 받고 때를 따라 돕는 은혜를 얻기 위하여 은혜의 보좌 앞에 담대히 나아갈 것이니라"고 하였습니다. 조마조마한 마음으로 나아가는 것이 아니라 평안한 마음으로 나아가고, 또한 자칫 잘못하여 하나님께 자신의 약점들만 드러나면 어쩌나 하는 불안한 마음으로 나아가는 것이 아니라 담대한 마음으로, 즉 자신을 가지고 확신 있게 나아가라고 권면하고 있습니다. 이와 같이 담대한 마음을 가지고 나아가는 것이 하나님과의 교제에 필요한 믿음입니다.

구원에 대한 믿음은 있지만 하나님 앞에 가까이 나아가 교제하는 일에 대하여는 믿음이 없는 사람들이 많이 있는 것을 봅니다. 기도를 하지만 하나님께서 바로 자기와 함께 계시며 그 기도에 귀 기울이신다는 믿음은 없고, 단지 자기의 소원을 능력 있는 누군가에게 하소연하는 것으로 그치는 사람들이 그렇습니다. 이들은 기도를 통하여 자기의 마음을 다 하나님께 아뢴다는 생각보다는 단지 자기의 바라는 바가 그렇게 되었으면 하고 막연히 바라는 것에 불과한 기도를 하는 것입니다. 이들은 또한 하나님과 친밀한 교제를 나누기보다는 자기는 전혀 접근할 수 없는 까마득히 먼 곳에 계신 하나님께 막연히 비는 식의 기도를 하고 있을 따름입니다.

우리가 주님 앞에 나아갈 때에 담대할 수 있는 것은 주님께서 우리를 불쌍히 여겨 주시기 때문입니다. 우리가 하나님 앞에 나아가야 하는 이유 중의 하나는 우리가 잘나고 똑똑하며 흠이 없어서가 아니라 오히려 부족하며 허물과 죄가 있는 연약한 자들이기 때문입니다. 하나님께서는 대제사장 되신 예수 그리스도의 십자가에서의 완전한 대속의 제사로 말미암아 그것을 믿는 우리에게 하나님 앞에 담대히 나아가 교제할 수 있는 자격과 자유를 주신 것입니다. 성경 말씀은 이 사실을 아주 분명하게 보여 주고 있습니다. "그러므로 형제들아, 우리가 예수의 피를 힘입어 성소에 들어갈 담력을 얻었나니, 그 길은 우리를 위하여 휘장 가운데로 열어 놓으신 새롭고 산 길이요 휘장은 곧 저의 육체니라"(히브리서 10:19-20). 예수님께서 십자가에서 못 박혀 죽으실 때에 성전의 휘장이 위에서부터 아래로 완전히 찢어졌습니다(마태복음 27:51 참조). 이처럼 예수님으로 말미암아 성소와 지성소 사이를 막아 놓았던 것이 찢어졌기 때문에 이젠 누구나 믿음으로 자유롭게 지성소 안에 들어갈 수 있다고 성경 말씀은 우리에게 가르쳐 주고 있습니다. 그러므로 이제 우리는 하나님 앞에 나아가는 이 믿음을 확실하게 우리 마음속에 가져야 합니다. 하나님은 우리를 긍휼히 여기시는 분이시며 또한 우리는 하나님의 긍휼이 필요한 자들입니다. 그러므로 '그의 긍휼하심을 받기 위하여' 하나님 앞에 담대히 나아가야 하는 것입니다.

하나님은 우리를 성령으로 말미암아 하나님의 자녀로 거듭나게 해주시고 하나님의 형상으로 새롭게 창조해 주셨습니다. 하나님의 형상으로 창조하셨다는 것은 하나님의 성품과 인격을 닮은 존재로 창조해 주셨다는 것입니다. 그러므로 우리를 통하여 하나님의 성품과 인격이 우러나올 수 있어야 합니다. 우리의 손의 형상을 가장 쉽게 볼 수 있는 것은 무엇이겠습니까? 그것은 장갑일 것입니다. 장갑을 보면 즉시 생각나는 것은 바로 우리의 손인데, 그 이유는 다름 아니라 장갑이 바로 손의 형상을 따라 만들어진 것이기 때문입니다. 그러나 장갑은 손에 밀착되어 있는 정도에 따라 그 구체적인 작용과 기능이 달라집니다.

우선 손에 끼어 있지 않은 장갑을 생각해 봅시다. 이런 장갑은 손과 전혀 관계가 없는 상태에 있어 손이 가지고 있는 어떤 재능이나 힘을 발휘하지 못합니다. 장갑을 손에 반쯤 끼면 어떻게 되겠습니까? 손가락이 움직임에 따라 약간씩 움직이기는 하지만 여전히 손의 기능을 발휘하지는 못합니다. 이런 정도로 끼어 있는 장갑은 손의 형상은 가지고 있으면서도 여전히 손의 기능은 제대로 발휘하지 못하는 것입니다. 이제 손을 조금 더 깊이 넣어 봅시다. 그러면 아마 손가락 각각의 움직임이 좀 더 원활해질 것입니다. 그러나 이 상태에서도 장갑의 끝 부분은 손가락과 완전히 밀착되지 못한 상태에 있기 때문에 어떤 물건을 잡으려고 하여도 제대로 잡지 못할 것입니다. 그러나 장갑이 손에 완전히 꽉 끼어서 밀착되어 있을 때에는 손의 움직임에 따라 무엇이든지 할 수 있게 됩니다. 자유롭게 움직일 수도 있고 힘도 있으며 그 안에 있는 손의 기술을 따라서 온전히 기능을 발휘할 수 있게 되는 것입니다.

하나님과 우리와의 관계도 이와 유사한 점이 있습니다. 하나님께서 우리를 성령으로 거듭나게 하셔서 우리를 새로운 피조물로 만들어 주신 이래로 우리 안에는 성령께서 거하시기 때문에, 우리는 하나님의 형상을 드러내는 삶을 살 수 있는 능력과 재능과 그 밖의 모든 잠재력을 가지게 되었습니다. 그럼에도 불구하고 우리 삶을 통하여 제대로 하나님의 형상이 드러나지 못하는 이유는 하나님과 밀접한 교제 가운데 있지 못하기 때문에 그렇습니다. 장갑을 꽉 끼지 않고 엉성하게 낄 때 손의 능력이 장갑을 통해 제대로 나타나지 못하는 것처럼 우리와 하나님과의 교제가 밀접하지 못할 때 우리를 통하여 하나님의 능력이 제대로 나타나지 못하는 것입니다.

그러나 우리가 구원받은 믿음뿐만 아니라 하나님과의 밀접한 교제를 즐기는 믿음을 갖고 산다면 히브리서 4:16 말씀과 같이 우리는 항상 하나님의 긍휼히 여기심과 때를 따라 도우시는 은혜를 경험하게 됩니다. 이와 같이 하나님과의 교제 안에서 족함을 누리는 사람은 자연히 하나님의 성품을 드러내게 되며, 이런 믿음의 삶을 사는 그리스도인들이 함께 모여 교제할 때 온전한 교제가 이루어질 수 있습니다. 이상에서와 같이 히브리서 10:22 말씀은 그리스도인의 교제의 기초로 먼저 각 사람에게 자신의 구원과 하나님과의 교제에 대한 확신이 굳건히 서 있어야 함을 보여 주고 있습니다.

2. 소망

그리스도인의 교제에 있어서 또 하나의 기초가 되는 것은 소망입니다. 23절 말씀을 보면 "약속하신 이는 미쁘시니 우리가 믿는 도리의 소망을 움직이지 말고 굳게 잡아"라고 권면하고 있습니다. 그런데 우리가 어떻게 우리의 소망을 움직이지 말고 굳게 잡을 수 있겠습니까? 그 해답은 앞부분에서 발견됩니다. 즉 그 소망을 약속하신 이가 미쁘시기 때문입니다. 우리 각자는 아마도 어려서부터 오늘날에 이르기까지 가지고 있던 많은 희망들이 무너져 버리곤 했던 것을 기억할 것입니다. 여러 사람들이 우리와 약속을 했다가 그 약속을 어기곤 하는 것을 많이 경험해 왔기 때문에 특별히 오늘날 세대를 살고 있는 우리에게는 불신이라는 것이 마음의 큰 병이 되어 있습니다. 그러나 우리 그리스도인은 소망을 굳게 잡고 살 수 있는데, 그 이유는 그것을 약속하여 주신 하나님이 절대적으로 미쁘시기 때문입니다.

고린도후서 1:20에 보면, "하나님의 약속은 얼마든지 그리스도 안에서 예가 되니"라고 하였습니다. 부정적이지 않고 항상 긍정적이라는 것입니다. "그런즉 그로 말미암아 우리가 아멘 하여 하나님께 영광을 돌리게 되느니라." 하나님의 모든 약속은 우리가 볼 때에 감정적으로 이해가 되든 안 되든, 우리의 경험에 비추어 볼 때 이해가 되든 안 되든 관계없이 하나님께서 계획하신 때에 언제나 "물론" 이루어진다는 말입니다. 주님의 재림의 약속, 하늘나라에 대한 약속, 이 땅에서 끝까지 우리 각 사람과 함께해 주시겠다고 하신 약속, 또한 이 땅에 사는 동안 우리를 옳은 데로 축복된 길로 인도해 주시겠다고 하신 약속, 기도에 응답해 주시겠다는 약속, 승리의 길로 인도해 주신다는 약속, 또한 지상사명을 믿고 그 사명에 따라 사는 동안 세계를 영적으로 정복할 수 있게 해주시겠다고 하신 약속,… 이 모든 약속들이 그리스도 안에서는 다 "예"가 된다는 것입니다. 하나님께서는 자기가 하신 약속들을 나중에 "그것은 안 돼" 하고 거절하시는 경우는 결코 없습니다.

인간적으로 볼 때 보잘것없는 나 한 사람, 여러 가지로 실망되는 점이 많은 나 한 사람을 통하여 영적인 자손이 번성하여 배가가 일어날 수 있다고 하신 하나님의 약속도 그리스도 안에서는 "안 돼"가 절대로 아니고 항상 "물론"이라는 것입니다. 이것이 우리의 참소망입니다. 문제는 약속에 대한 나의 믿음에 있는 것입니다. 우리의 소망은 결단코 가상적인 것이 아니며 막연히 듣기 좋은 말이나 농담에 그치는 것도 아닙니다. 이 소망은 미쁘신 하나님께서 하신 약속입니다. 그러므로 우리가 온전히 주장할 수 있는 약속이며 굳게 붙들 수 있는 소망이 됩니다.

창세기 18:12에 보면 아브라함의 아내 사라는 잠시 이런 하나님의 약속에 대하여 농담으로 여긴 적이 있었습니다. "사라가 속으로 웃고 이르되, '내가 노쇠하였고 내 주인도 늙었으니 내게 어찌 낙이 있으리요!'" 사라는 노쇠해진 자기에게 하나님께서 아들을 낳게 해주실 것이라는 약속을 하실 때 그것이 잘 이해가 되지 않고 단순한 농담처럼 여겨져 속으로 웃었던 것입니다. 그러나 하나님의 약속은 틀림없이 이루어졌습니다. 하나님께서 말씀하신 기한이 이르자 사라는 잉태하였고 늙은 아브라함에게 아들 이삭을 낳게 되었던 것입니다(창세기 21:1-2 참조).

로마서 5:5에 보면 소망이 우리를 부끄럽게 하지 아니한다는 말씀이 있습니다. 세상이 주는 소망, 인간이 주는 소망, 또는 스스로 꿈꾸어 오던 소망들은 그것이 기대대로 이루어지지 않을 때 우리를 부끄럽게 만듭니다. 그러나 그리스도 안에 있는 소망은 약속하신 이가 미쁘시므로 반드시 이루어지기 때문에 우리를 결코 부끄럽게 하지 않는다고 위 말씀은 확증하고 있는 것입니다. 그럼에도 불구하고 하나님을 소망하며 사는 것을 초라하게 여기고 오히려 세상 사람들이 외적으로 형통하는 듯한 모습을 보고는 부러워하기까지 하는 그리스도인들이 있습니다. 그리하여 때로는 인간 중심적인 세상 풍조에 끌려 세상적인 유혹에 빠져들기도 하고, 혹은 그렇지는 않더라도 이 세상에 살면서 하늘나라를 위하여 자신의 삶을 투자하는 것에 대하여 가치를 느끼기보다는 마음에 부담감을 느끼거나, 자기가 마치 하나님 때문에 손해를 보고 있다는 식의 일종의 피해 의식에 사로잡히기도 합니다.

시편 73편의 기자인 아삽도 이런 식의 피해 의식에 사로잡혀 있었던 것을 보게 됩니다. 그는 하나님이 참으로 공의로우신 분임을 믿었고, 따라서 하나님께서는 마음이 정결하며 믿음을 따라 하나님을 소망하며 사는 사람에게는 세상에서도 복을 내리고 악한 자에게는 벌을 내리실 줄로 알았습니다. "하나님이 참으로 이스라엘 중 마음이 정결한 자에게 선을 행하시나"(시편 73:1). 그러나 실상 세상 돌아가는 모양을 보니 그에게는 정반대로 보였습니다. 이 세상에서는 악인이 오히려 형통하고 하나님을 소망하며 사는 사람은 고난을 당하는 것처럼 보이기 때문이었습니다. "나는 거의 실족할 뻔하였고 내 걸음이 미끄러질 뻔하였으니, 이는 내가 악인의 형통함을 보고 오만한 자를 질시하였음이로다"(2-3절).

그는 계속하여 자신이 관찰한 바 세상 사람들의 모습을

자세히 기록하고 있습니다. "저희는 죽는 때에도 고통이 없고 그 힘이 건강하며 타인과 같은 고난이 없고 타인과 같은 재앙도 없나니, 그러므로 교만이 저희 목걸이요…. 볼지어다. 이들은 악인이라. 항상 평안하고 재물은 더하도다"(4-12절). 그가 보기에 악인은 세상에서 이처럼 형통하는 것 같은데 자신의 삶은 오히려 초라해 보이기만 하여, 자기가 하나님을 소망하며 이 세상에서 정결하고 의롭게 사는 것이 헛되며 자기만 손해 보는 것처럼 생각되었습니다. 이러한 마음을 이렇게 적었습니다. "내가 내 마음을 정히 하며 내 손을 씻어 무죄하다 한 것이 실로 헛되도다. 나는 종일 재앙을 당하며 아침마다 징책을 보았도다"(13-14절).

그러나 아삽은 이렇게 자기의 세상에서의 경험과 하나님의 말씀의 약속이 서로 다르다고 여겨질 때에 잘 이해가 되지 않아 마음 한편으로는 어려움을 느꼈지만, 끝까지 신실하신 하나님을 소망하며 약속을 붙들었습니다. 그러다가 결국 깨닫게 된 것은 하나님의 처음 약속은 그대로 이루어진다는 사실이었습니다. "하나님의 성소에 들어갈 때에야 저희 결국을 내가 깨달았나이다.… 저희가 어찌 그리 졸지에 황폐되었는가? 놀람으로 전멸하였나이다"(17-19절). 악인은 세상에서 잠시 형통하는 것처럼 보일지라도 결국 졸지에 멸망의 심판을 받게 되지만, 세상의 악한 풍조에도 불구하고 하나님을 소망하며 사는 사람은 주님의 교훈으로 인도하심을 받으며 후에는 영광 가운데 영접을 받게 된다는 사실을 깨닫게 된 것입니다(24절).

아삽은 잠시나마 자신의 마음이 흔들렸던 것에 대하여, "내가 이같이 우매 무지하니 주의 앞에 짐승이오나…" 하고 자기의 어리석음에 대하여 하나님께 자복하였습니다. 그리고 그는 다시 한 번 하나님께 대한 자신의 흔들리지 않는 믿음과 소망을 이렇게 고백하였습니다. "하늘에서는 주 외에 누가 내게 있으리요. 땅에서는 주밖에 나의 사모할 자 없나이다. 내 육체와 마음은 쇠잔하나 하나님은 내 마음의 반석이시요 영원한 분깃이시라"(25-26절). 우리 중에도 혹시 아삽이 처음에 품게 되었던 것과 같은 잘못된 피해 의식에 사로잡혀 있는 사람은 없습니까? 아삽은 자신의 경험을 통하여 이런 생각이 짐승처럼 우매 무지한 것이었음을 깨달았습니다. 그의 증거를 통하여 우리도 하나님의 약속과 그에 대한 소망은 우리를 결코 부끄럽게 하지 않는 것임을 확신하게 됩니다. 그러므로 이런 소망이 있는 그리스도인은 모든 어려움을 무릅쓰고라도 주님을 의뢰하며, 또한 같은 소망을 품은 형제 자매들과 한마음으로 교제하길 힘쓰게 되는 것입니다.

  또한 이 소망은 그것을 믿는 우리 그리스도인 모두가 받을 수 있도록 모두에게 준비된 소망이기 때문에, 우리는 서로가 이 소망에 대한 경쟁자가 아님을 알게 됩니다. 이 세상에는 직장에서든지, 학교에서든지, 심지어는 한 가정에서조차도 경쟁의식 가운데 살고 있는 사람들이 많이 있습니다. 그러나 우리는 주님께서 약속하신 소망을 바라보고 함께 수고하는 동역자이지 결코 경쟁자가 아닙니다. 하나님 앞에서 받는 상급도 다른 사람과 경쟁해서 이긴 결과로 얻는 것이 아니라, 이겼다면 오직 자기 자신을 이긴 결과로 얻는 상이기 때문에, 우리는 서로 다투거나 시기하는 대상이 아니라 오직 서로 협력하고 격려해주는 대상인 것입니다. 우리와 다투는 경쟁자가 있다면 그것은 오직 자기 자신 안에 있는 게으름, 불성실, 나태함, 죄의 유혹에 이끌리는 육신의 정욕 등 자신의 옛 성품일 뿐입니다. 이와 같이 그리스도 안에 있는 소망은 우리에게 어떤 분쟁이나 문제를 일으키는 것이 아니라 서로 협력하게 해주기 때문에 우리는 이 소망으로 말미암아 아름다운 교제를 나누게 됩니다.

❆   ❆   ❆

그리스도인의 교제는 다 함께 조화 있게 어우러져 만들어 내는 아름다운 오케스트라와도 같은 것입니다. 믿음과 소망의 두 기초 위에 든든히 서 있는 그리스도인의 교제가 있는 곳으로부터는 주님의 사랑을 노래하는 아름다운 화음이 울려 퍼지게 됩니다. 이러한 교제는 사람들의 칭송 속에 영혼들을 구원하는 역사를 일으킵니다. 초대 교회 때의 성도들의 교제가 바로 그러했습니다. "날마다 마음을 같이하여 성전에 모이기를 힘쓰고, 집에서 떡을 떼며, 기쁨과 순전한 마음으로 음식을 먹고, 하나님을 찬미하며, 또 온 백성에게 칭송을 받으니, 주께서 구원받는 사람을 날마다 더하게 하시니라"(사도행전 2:46-47).

그리스도인의 교제의 기초인 믿음과 소망 중 어느 하나라도 든든하지 못할 때, 그 교제는 한갓 힘없는 인간 중심의 교제가 되고 말든지 서로 분열을 초래하게 되고 맙니다. 그러므로 우리는 교제의 삶에 어떤 어려움이나 문제가 있다고 생각될 때 외적으로 드러나 보이는 활동이나 모양보다도 먼저 각 사람의 믿음과 소망이 어떠한가를 살펴야 합니다. 나의 믿음, 그리고 나의 소망은 과연 하나님의 말씀 안에서 든든히 세워져 있는가를 확인해 보아야 합니다.

II. 교제의 요소

1. 서로 돌아봄

"서로 돌아보아 사랑과 선행을 격려하며 모이기를 폐하는 어떤 사람들의 습관과 같이 하지 말고 오직 권하여 그날이 가까움을 볼수록 더욱 그리하자."

위의 히브리서 10:24-25 말씀의 첫 부분에, '서로 돌아보아'라는 말이 나오는데, 이것이 아주 중요한 교제의 요소입니다. 헬라어에서 이 '돌아보아'에 해당하는 단어의 의미는 '자세히 살펴보다'라는 뜻인데, 좀 더 정확하게는 탐색하듯이 살펴본다는 뜻입니다. 망원경이나 현미경을 통하여 무엇을 관찰하듯이, 또는 자기의 귀중한 물건을 잃어버리고 난 뒤 그것을 찾고자 할 때의 그 간절한 마음으로 살피는 것이 여기에 나온 '돌아보아'라는 말의 의미입니다. 이렇게 살피는 것은 겉으로 드러난 문제만 발견하여 도와주는 것이 아니라, 밝혀지지 않은 필요, 숨겨진 문제 등 좀 더 근본적이며 실제적인 필요들을 알아내어 도와주기 위한 것입니다.

이와 같이 서로 자세히 살펴보기 위해서는 먼저 우리가 서로 **한 지체임을 의식해야** 합니다. 한 지체임을 의식하지 않는 한 우리에게 자세히 살펴보는 일은 있을 수 없습니다. 흔히 남의 손에 나 있는 상처는 자세히 살펴보질 않고 무관심하게 지나치곤 합니다. 그러나 자기 손이나 발의 어느 곳에 작은 상처라도 생기면 아주 자세히 살펴보는 것이 보통입니다. 자기 몸이기 때문에 그렇습니다. 우리는 더 이상 남의 문제와 자기의 문제를 분리하여 생각할 수가 없습니다. 왜냐하면 하나님께서는 그리스도 안에서 우리를 한 몸의 지체로 삼아 주셨기 때문입니다. "우리가 유대인이나 헬라인이나 종이나 자유자나 다 한 성령으로 세례를 받아 한 몸이 되었고…"(고린도전서 12:13)라고 주님의 말씀은 증거하고 있습니다.

자세히 살펴보기 위해서는 또한 **관심을 계발**해 나가야 합니다. 각 사람의 필요에 대하여 늘 관심을 기울이는 것을 인격화하는 것입니다. 다른 사람들에 대한 관심의 폭이 넓어지고 그 깊이가 깊어지는 것은 갑자기 되는 일이 아닙니다. 작은 일에서부터 관심을 써 나가다 보면 그것이 넓고 깊은 관심으로 계발되는 것입니다.

먼저 그 사람을 위하여 기도해야 합니다. 기도할 때 성령께서 그 사람의 필요를 알게 해주십니다.

다음에는 사람들의 외적인 표현 속에 감추어진 내적인 필요들을 잘 살필 줄 아는 습관을 훈련시켜 나가야 합니다. 우리는 때때로 말로 표현된 내용보다 말하는 사람의 얼굴 표정이나 말의 억양 등을 통하여 좀 더 정확하게 그 사람의 마음의 상태를 알아볼 수가 있습니다.

또한 행동의 변화에 대하여도 우리는 많은 관심을 기울여야 합니다. 갑자기 평소보다 말이 없어지거나 혹은 갑자기 말이 많아지는 경우, 갑자기 외모에 많은 신경을 쓰는 경우, 다른 문제는 없다고 하면서도 늘 피곤하다고 하는 아주 함축성 있는 말로 자기 문제를 드러내는 경우 등에 우리는 언제나 자세히 살펴서 그런 사람들의 참된 필요를 발견하고 도와줄 줄 알아야 합니다.

또 서로 돌아보기 위해서는 서로 자기 자신을 **투명하게 개방하는 태도**를 갖추어야 합니다. 마가복음 8:31-32에서 예수님께서는 자기 자신의 장래 계획을 아주 투명하게 제자들 앞에서 개방하셨습니다. 자기 장래의 문제나 계획을 개방하는 것이 다른 사람들에게 별로 기쁨이 되지 않는다는 것을 알 때 사람들은 움츠리게 됩니다. 이럴 때 우리는 망설이거나 입을 닫아 버리고 맙니다. 그러나 예수님은 올바른 때에 자기 자신을 투명하게 개방하셨습니다. "인자가 많은 고난을 받고 장로들과 대제사장들과 서기관들에게 버린 바 되어 죽임을 당하고…." 지금까지 제자들의 희망과 의지의 대상이 되어 온 예수님 자신이 고난을 받고 죽임을 당할 것을 알려 주셨던 것입니다. 이것은 제자들이 듣기에 어느 부분도 희망적인 데라고는 없는 내용이었습니다. 사실 예수님은 사흘 만에 다시 살아나야 할 것도 말씀해 주셨지만, 그 말씀은 당시 제자들에게 이해가 되지도 않았고, 따라서 귀에 제대로 들어오지도 않았습니다.

그러자 베드로가 자기 속에 있는 마음을 숨김없이 그대로 드러내었습니다. 한쪽에서 투명한 표현을 하면 다른 쪽에서도 투명하게 자기 자신을 개방하게 됩니다. 그때 베드로가 "주여, 그리 마옵소서!"(마태복음 16:22 참조)라고 항의한 말은 지금까지 자기 자신이 예수님을 따른 목적이 예수님의 관심과는 달랐다는 것을 드러내는 말이었습니다. 그 말은 언뜻 예수님을 동정하는 것처럼 들렸을지도 모릅니다. 하지만 예수님께서는 베드로의 그 말을 듣고 그가 자기 나름대로 인간적인 계획과 목표를 가지고 따르는 것을 간파하셨고 그것에 대하여 엄하게 꾸짖으셨습니다. 이처럼 서로를 투명하게 개방함으로써 베드로는 자기의 문제를 드러내고 예수님은 그의 문제를 직접적으로 다루어 주셨던 것입니다.

그리스도인으로서 함께 오랫동안 교제하면서도 어느 선까지만 자기를 개방하고 그 이상은 절대로 자기를 드러내지 않고 꼭꼭 비밀로 간직하는 사람들이 있습니다. 이런 경우 오래 숨기면 숨길수록 그만큼 더 큰 손해를 본다는 것을 명심해야 합니다. 자기를 개방하지 못하는 데에는 몇 가지 이유가 있습니다.

첫째로, 자기 나름대로의 목표가 있을 때 자기를 개방하지 못하게 됩니다. 앞에서 초대 교회 당시의 아름다운 교제의 모습을 살펴보았는데, 그것은 서로 '마음을 같이하여' 모이기를 힘쓸 때 나타났던 결과였습니다. "날마다 마음을 같이하여 성전에 모이기를 힘쓰고… 기쁨과 순전한 마음으로 음식을 먹고"(사도행전 2:46). 그러나 자기 나름대로 추진하면서 숨기고 있는 계획이나 생각이 있을 때는 결코 마음을 같이할 수가 없습니다. 기쁨과 순전한 마음으로 교제 가운데 함께할 수가 없는 것입니다. 자기 마음의 뚜껑을 닫아 놓은 사람은 아무도 도와줄 수가 없으며 하나님께서도 그런 사람은 도와주실 수가 없습니다.

결국 닫힌 마음은 하나님의 축복을 가로막는 셈이 되는 것입니다.

둘째로, 우리가 자신을 개방하지 못하는 것은 실수에 대한 두려움 때문에 그러는 경우가 많이 있습니다. 내가 이런 말을 하다가 실수하면 어떻게 할까? 또 이 말이 다른 사람들의 의견과 달라서 혼자 일방적으로 몰리게 되면 어떻게 하나? 이런 생각이 바로 우리로 하여금 마음을 개방하여 투명한 관계를 갖지 못하게 하는 요소입니다. 그러나 실수를 하지 않으려거든 성공하길 포기하라는 말이 있습니다. 우리는 실수에 대한 두려움 때문에 더 많은 실수를 범하는 어리석음을 범치 말아야 합니다.

셋째로, 숨겨진 죄가 있을 때 자기를 개방하지 못하게 됩니다. 요한일서 1:7에 보면, "저가 빛 가운데 계신 것같이 우리도 빛 가운데 행하면 우리가 서로 사귐이 있고"라고 하였습니다. 이 말씀에서처럼 서로 사귐이 있을 수 있는 비결, 곧 교제가 잘 유지될 수 있는 비결은 서로가 빛 가운데 있는 것입니다. '빛 가운데 있다'고 하는 것은 이중적인 의미가 있다고 생각됩니다. 첫째는 죄에서 떠나 거룩한 삶 가운데 머물러 있는 것이며, 둘째는 그러한 자기 삶을 다른 사람 앞에서도 밝히 드러내는 것입니다. 우리에게 어떤 부끄러운 죄가 있다든가 혹은 개방하지 않는 어떤 문제나 계획이 있을 때는 교제 가운데 앉아 있는 것이 마치 가시 방석에 앉은 것 같게 됩니다. 어떤 형제나 자매의 눈을 바라보는 것이 두렵기조차 할 것입니다. 그리하여 아담과 하와가 죄를 범했을 때 숨었듯이 숨고 싶어지고 교제에서 떠나 혼자 있고 싶어지는 것입니다.

그러나 숨기는 것은 결코 해결책이 되지 못합니다. "자기의 죄를 숨기는 자는 형통치 못하나 죄를 자복하고 버리는 자는 불쌍히 여김을 받으리라"(잠언 28:13). 그러므로 우리는 교제 가운데에서 스스로 거북하게 느껴질 때, 그 원인이 다른 데 있는 것이 아니라 바로 자백하지 않은 죄나 개방하지 않은 은밀한 자기 생각 때문임을 알고 바로 그 문제를 해결해야 합니다. 이러한 문제들은 남이 해결해 주도록 기다려서는 안 됩니다. 자신이 자발적으로 하나님 앞에서 빨리빨리 정리해야 하는 것입니다. 이렇게 자신의 문제를 먼저 하나님 앞에서 해결해야 다른 사람들을 돌아볼 수 있으며, 그렇게 될 때 비로소 참된 그리스도인의 교제가 이루어지게 되는 것입니다.

2. 사랑과 선행을 격려함

두 번째 교제의 요소는 24절 후반에 있는 '사랑과 선행을 격려하며'입니다. 여기에 사용된 '격려'라고 하는 단어는 원래 헬라어에서 '박차를 가하다'라는 말에서 나온 것입니다. 그러므로 사랑과 선행을 격려한다는 것은 사랑과 선행을 위하여 달려가도록 박차를 가한다는 의미입니다. 격려라는 말은 이런 의미를 그대로 전달하기에는 너무 미약한 표현이라는 생각이 듭니다. 그래서 우리가 앞으로 성경을 읽을 때 이 부분의 말씀을 "사랑과 선행에 박차를 가하며"라고 읽는 것도 좋겠습니다. 이 박차는 적극적인 면과 부정적인 면에서 모두 가해져야 합니다. 즉, 잘하고 있는 것은 더 잘하도록 격려하고, 잘못된 점은 고치도록 해주며, 부족한 영역에서는 더욱 힘써 계발해 나가도록 교훈하고 경고하며, 필요에 따라 때로는 경책하기도 하고, 때로는 위로하기도 함으로써 도와주는 것이 바로 박차를 가하는 일입니다.

박차는 본래 말이 빨리 달리도록 하기 위하여 가하는 것입니다. 말을 달리도록 하고자 할 때 그저 "아, 너 사랑스럽고 멋있는 말아! 잘 뛰지?"라고 말하며 쓰다듬어 주기만 한다면 그 말은 결코 달리지 않을 것입니다. 그러나 박차를 가할 때 땅을 박차고 달려 나가게 됩니다. 사람도 이처럼 어루만져 주는 것만으로도 잘 뛸 수 있는 자발적인 마음이 항상 준비되어 있는 것이 아닙니다. 우리도 말처럼 미련한 데가 있다는 것을 인정해야 합니다. 그러기 때문에 막연한 격려나 긴 설명보다도 때로 박차를 가할 때 사랑과 선행을 위하여 더욱더 줄달음질칠 수 있게 되는 것입니다.

이 박차를 가할 때 오는 처음 느낌은 고통입니다. 시원한 것이 아니라 아픈 자극을 받는데 이 아픔 때문에 달려 나가게 되는 것입니다. 그러나 이 박차는 상처를 내는 것은 아닙니다. 아프게는 하지만 다치게 하지는 않습니다. 동기 부여를 해서 힘 있게 나아가도록 도와줄 뿐입니다.

중학교 때인지 고등학교 때인지 지금 정확하게 기억하지는 못하지만 주산 시간이 있었는데, 언젠가 나는 한번 그 수업 시간에 늦은 적이 있었습니다. 무엇을 하다가 늦었는지는 잘 생각나지 않지만 약간 멋쩍어 하면서 자리에 가서 앉으려고 하는데, 아니나 다를까 주산 선생님께서는 "나와!" 하고 호통을 치셨습니다. 그러고는 주판을 거꾸로 뒤집어 가지고는 내 머리를 이마에서부터 뒤로 확 미셨습니다. "어이쿠!" 요즈음 중고등학생들은 머리가 길지만 그 당시는 거의 빡빡머리였습니다. 그렇게 주판알로 밀리는 순간 너무나 아파서 나는 정신이 하나도 없었고 눈물이 핑 돌 지경이었습니다.

박차를 가한다는 것은 바로 이런 것입니다. 이런 박차가 가해질 때 아픔으로 인하여 자극을 받게 되며 정신을 바짝 차리게 됩니다. 그리하여 다른 생각이 들지 않고 '아, 앞으로는 내가 이렇게 해야 하겠구나!' 또는 '이러지 말아야 하겠구나!' 하고 결심을 하게 됩니다. 남을 아프게 하는 것을 좋아하는 그리스도인은 거의 없을 것입니다. 남을 쓰다듬어 주고 어루만져 주고 격려하는 일을 하라면 누구나 즐겨 할 것이지만, 가서 아픈 자극을 주라고 할 때 선뜻 그것을 좋아할 사람은 거의 없습니다. 하지만 하나님의 말씀은 우리 서로가 사랑과 선행의 삶을 살도록 박차를 가하라고 명하고 있습니다. 이 박차는 깊은 사랑의 관심이 있을 때 가할 수 있는 것이기 때문입니다.

박차를 가하지 않는 것은 결국 무관심이며 이것은 죄입니다. 우리는 무관심 가운데 지나치는 방관자가 될 때 어떤 문제가 생기는지를 내다볼 줄 알아야 합니다. 오늘날 교회 안에서조차 너무나 이런 일이 등한시되고 있습니다. 긍정적인 측면에서의 영적인 삶의 도전은 고사하고 심지어는 어떤 사람의 도덕적인 죄나 비성서적인 삶에 대해서도 전혀 상관치 않고 방관하고 있는 것을 봅니다. 그 개인의 삶이 어떠한가에 대하여는 관계하지 않고 오직 참여해 주는 것에 만족하고 있는 것입니다. 그러나 "면책은 숨은 사랑보다 나으니라. 친구의 통책은 충성에서 말미암은 것이나 원수의 자주 입맞춤은 거짓에서 난 것이니라"

(잠언 27:5-6)고 하였습니다. 또한 "초달을 차마 못하는 자는 그 자식을 미워함이라. 자식을 사랑하는 자는 근실히 징계하느니라"(잠언 13:24)고 한 말씀처럼 진정한 사랑은 때로 근실한 징계로도 나타나야 합니다.

박차를 가하는 일은 한 번으로 그쳐서는 안 됩니다. 팽이를 돌릴 때는 계속 쳐야 합니다. 아무리 잘 도는 팽이라 해도 그냥 가만히 두면 계속 돌지 못하고 쓰러지기 때문입니다. 우리도 설교 시간이나 수양회 등을 통하여 성령 충만해지면 힘 있게 도는 팽이처럼 영원히 활력이 넘치는 삶을 살 것 같다가도 얼마간의 기간이 지나면 힘을 잃고 뒤뚱거리다가 넘어지게 되는 것을 보곤 합니다. 이렇게 되기 전에 필요한 것이 바로 박차를 가해 주는 일입니다. 설교 말씀을 듣고 감명을 받은 것으로 끝날 것이 아니라 그 이후에 계속 그 말씀대로 살도록 서로 박차를 가해 주는 일이 필요한 것입니다.

가끔 서커스 같은 데서 접시 돌리는 묘기를 볼 때가 있습니다. 기다란 막대기 위에 접시를 돌리고 또 그 옆에 세워져 있는 막대기 위에도 접시를 돌리고 하여 결국에는 한 사람이 여러 개의 접시를 돌리기도 합니다. 그런데 접시를 돌리는 과정을 죽 지켜보면 그 기술도 놀랍지만 돌리는 사람의 부지런함이 보통이 아니라는 것을 알게 됩니다. 접시를 죽 돌려 나가다 보면 어느 사이엔가 먼저 돌려 놓은 접시가 힘을 잃고 기우뚱거리게 되는데 이것을 본 그는 재빨리 다가와 다시 그 접시를 힘 있게 돌려 놓고 갑니다. 새로운 접시를 돌려 나가면서도 전에 돌려 놓은 접시가 힘을 잃으면 어느 사이엔가 다가가 다시 힘 있게 돌려 놓고 가는 것입니다. 우리가 할 일도 바로 이와 같은 일입니다. 영적으로 힘을 잃고 뒤뚱거리는 사람은 없는지 자세히 살피고, 그런 사람이 있다면 부지런히 찾아가 다시 힘 있게 돌아가도록 박차를 가해 주어야 합니다.

앞에서 우리는 예수님께서 자기를 개방하실 때에 베드로가 또한 자기 자신의 실제 관심을 그대로 드러내었던 것을 살펴본 바 있습니다. 예수님께서는 그때 베드로가 그때까지 교제에 함께하면서도 관심은 다른 데 있음을 발견하시고 실로 엄하게 꾸짖으셨습니다. 단호하게 박차를 가하셨던 것입니다. "예수께서 돌이키사 제자들을 보시며 베드로를 꾸짖어 가라사대, '사단아, 내 뒤로 물러가라. 네가 하나님의 일을 생각지 아니하고 도리어 사람의 일을 생각하는도다'"(마가복음 8:33). 예수님께서는 베드로가 "그리 마옵소서" 하고 말할 때, 그의 인간적 호의 등을 전혀 이해하지 못하신 것은 아니었습니다. 이런 경우에 흔히 이렇게 생각하실 수도 있었을 것입니다. '베드로는 나의 목적과는 다른 관심을 가지고 있구나. 하지만 그는 인간적으로 그렇게 생각할 수도 있겠지. 베드로 정도의 수준에서는 얼마든지 그렇게 생각할 수가 있겠지. 그리고 베드로는 그동안 다른 사람들보다도 많은 희생을 치른 사람이었다. 나를 위하여 수고도 많이 했고 처음에 나를 따를 때에는 배와 그물까지 버려두고서 따르지 않았던가. 이 정도로 따랐던 그인데 이제 나의 뜻에 선뜻 동의하지 않는다고 내가 그를 꾸짖을 수 있겠는가?' 하지만 예수님께서는 그를 꾸짖으셨습니다. 그 이유는 그에게 올바른 진리, 곧 하나님의 관점을 가르쳐 주시기 위함이었던 것입니다. 예수님께서는 꾸짖으신 후 바로 뒤이어서 34절 말씀으로 가르치셨습니다. "아무든지 나를 따라오려거든 자기를 부인하고 자기 십자가를 지고 나를 좇을 것이니라."

 무조건 야단쳐서 마음을 아프게 하는 것이 박차를 가하는 것은 아닙니다. 어떤 사람의 참필요를 채워 주고자 하는 관심에서 자신도 동일한 아픔을 가지고 꾸짖는 것이 되어야 합니다. 우리는 하나님의 관점에서 사람들의 문제를 바라보고 그중에 잘못된 생의 목표, 그릇된 가치관, 올바르지 못한 사고방식, 나쁜 습관 등이 있을 때 이런 것을 고쳐 주기 위하여 박차를 가하여야 합니다. 날마다 자기를 부인하는 가운데 자기 십자가를 지고 예수님을 따르는 삶을 더욱 힘 있게 살 수 있도록 서로 박차를 가하는 교제가 되어야 합니다.

　마가복음 8:33-34 말씀을 묵상해 보면 귀한 교훈들을 몇 가지 더 발견할 수 있습니다. 먼저 우리는 예수님께서 베드로를 꾸짖으실 때에 베드로만이 아니라 다른 제자들을 바라보셨다는 것에 주목해 볼 필요가 있습니다. "예수께서 돌이키사 **제자들을 보시며** 베드로를 꾸짖어 가라사대…." 내용은 베드로를 꾸짖는 말씀인데 예수님의 시선은 오히려 다른 제자들을 향해 있었습니다. 왜냐하면 베드로는 단지 행동이 빨라서 먼저 그렇게 말했을 뿐이며 사실 다른 제자들도 베드로와 마찬가지의 생각을 품고 있는 것을 예수님께서는 아셨던 것입니다. 그러므로 예수님께서는 베드로만이 아니라 다른 모든 제자들에게 박차를 가해야 할 필요가 있음을 발견하셨고, 그 필요를 베드로를 책망하는 것을 통하여 채워 주셨던 것입니다. 그들 모두는 어쩌면 베드로보다도 더 가슴이 뜨끔했을지도 모릅니다. '저 말씀은 사실 나에게 하시는 말씀이다' 하고 그들 제자들은 받아들였을 것입니다. 이렇게 예수님께서는 그들 모두의 문제를 아주 지혜롭게 한꺼번에 지적해 주시고 해결해 주셨습니다.

여기서 또 한 가지 놀라운 것은 "사단아, 내 뒤로 물러가라"는 예수님의 호된 꾸지람에도 불구하고 베드로는 떠나가지 않았다는 것입니다. 우리는 이런 경우에 두 가지 서로 다른 반응을 보일 수 있습니다. 하나는 자기에게 가해진 박차에 대하여 쓴 뿌리를 품거나 그것을 무시해 버리는 것이며, 다른 하나는 34절 말씀에서 예수님께서 가르치신 대로 자기를 부인하고 자기 십자가를 지는 마음으로 감사하게 그 박차를 받아들이는 것입니다. 베드로는 꾸짖으시는 예수님을 야속하게만 여기거나 쓴 뿌리를 품지 않았습니다.

다윗은 시편 141:5에서 이렇게 노래했습니다. "의인이 나를 칠지라도 은혜로 여기며 책망할지라도 머리의 기름 같이 여겨서 내 머리가 이를 거절치 아니할지라. 저희의 재난 중에라도 내가 항상 기도하리로다." 그는 실제로 선지자 나단이 자기에게 나아와 자신의 범죄에 대하여 책망할 때 그것을 겸손히 받아들이는 본을 보여 주었습니다. 우리를 위하여도 이런 교훈, 권면, 경고, 경책 등의 박차가 가해질 때 오히려 이것을 귀한 격려로 여기고 감사하는 마음의 태도가 필요합니다. 왜냐하면 이런 모든 도움은 우리 자신이 하나님을 닮아 가고 하나님이 원하시는 수준의 삶을 사는 데 꼭 필요한 것이기 때문입니다.

3. 모이기를 힘씀

 교제의 세 번째 요소는 25절 첫 부분 말씀처럼 '모이기를 폐하는 어떤 사람들의 습관과 같이 하지 않는 것'입니다. 히브리서가 기록될 당시에는 사실 믿는 이들에 대한 핍박이 극심하였습니다. 예수 그리스도를 믿는다는 이유만으로도 박해를 받고 사회로부터 매장당하고 심지어는 죽임을 당하기도 하는 상황이었습니다. 그러므로 어떤 사람들이 모이기를 폐하는 습관을 갖게 된 것은 어쩌면 자연스러운 결과일 수도 있었습니다. 하지만 이런 외부적인 어려움이 모이기를 폐하는 모든 이유가 될 수 있겠습니까? 아닙니다.

 모이기를 폐하게 되는 가장 큰 이유는 이런 외적인 환경보다도 그리스도인 각자의 마음에 쉽게 살려고 하는 태도가 있기 때문입니다. 처음에 한두 사람이 '뭐 굳이 위험을 무릅써 가며 모일 필요가 있겠는가. 모이지 않고 혼자서도 믿음을 지킬 수 있을 텐데' 하고 생각하며 모이기를 폐하는 습관이 생겨날 때, 다른 그리스도인들이 마땅히 했어야 할 일은 그들에게 부지런히 찾아가 사랑과 선행의 박차를 가하는 일이었습니다. 그러나 도리어 많은 사람들이 모이기를 폐하는 몇몇 사람들의 습관을 따라가게 되었던 것 같습니다.

이에 히브리서 기자는 단호하고도 분명하게 "모이기를 폐하는 어떤 사람들의 습관과 같이 하지 말고 더욱 모이기를 힘쓰라"고 권면했습니다. 그가 당시의 어려운 형편을 이해하지 못한 것은 결코 아니었습니다. 그러나 그는 그리스도인들이 모든 어려움을 무릅쓰고서라도, 심지어는 자신의 생명을 걸고서라도 힘써 해야 할 가치가 있는 것이 바로 그리스도인의 교제인 것을 확신하였기에 그렇게 강하게 권면할 수 있었던 것입니다.

과연 자신의 생명을 걸고 교제를 위하여 모일 수 있겠습니까? 이 질문에 대한 답은 그리스도인의 교제가 얼마나 가치 있는 것이냐에 달려 있습니다. 데살로니가에 보낸 서신에서 사도 바울은 형제들을 위해서는 자기 목숨까지 주기를 즐겨한다고 하였습니다. "우리가 이같이 너희를 사모하여 하나님의 복음으로만 아니라 우리 목숨까지 너희에게 주기를 즐겨함은 너희가 우리의 사랑하는 자 됨이니라"(데살로니가전서 2:8). 사도 바울은 이처럼 귀한 형제 자매들이기에 그들과의 교제를 그만큼 간절히 사모하여 "너희 얼굴 보기를 열정으로 더욱 힘썼노라"(2:17)고 하였습니다. 이 땅에서의 우리의 생명은 실상 잠시뿐입니다. 하지만 그리스도 안에서 거듭나 함께 하나님의 자녀가 된 형제 자매들과의 교제는 영원한 것이며, 그 교제를 통하여 얻는 열매들도 영원한 것이기에, 우리는 생명처럼 이 교제를 귀중히 여기고 힘써야 합니다.

우리는 교제 가운데 있을 때 세상과 죄의 유혹으로부터 승리할 수 있습니다. 아프리카 얼룩말들은 사자나 다른 맹수가 공격할 때 절대로 뿔뿔이 흩어져 도망치지 않는다고 합니다. 그들은 오히려 맹수가 다가오면 마치 스크럼을 짜듯이 머리는 안으로 향하고 꼬리는 밖으로 향하도록 둥근 대형을 이루어 뒷발질을 하면서 적의 공격을 효과적으로 막아 낸다는 것입니다. 그리스도인들도 밖으로부터의 환난과 핍박이 거세어질수록 이와 같이 모이기를 힘쓰고 교제 가운데 있어야 합니다. 우리의 대적 사탄은 우는 사자같이 두루 다니며 삼킬 자를 찾고 있습니다. 이러한 사탄이 누구를 공격하겠습니까? 바로 따로 떨어져 모이기를 폐하는 사람에게 달려드는 것입니다. 결국 쉽게 살려고 따로 떨어져 있다가 더 쉽게 죄의 유혹을 받고 어려움을 당하게 되는 것입니다.

어느 날 나는 길을 가다가 깜짝 놀란 적이 있었습니다. 지나가다가 계란을 잔뜩 실은 트럭을 보았는데 차곡차곡 높이 쌓아 올린 계란 더미 위에서 한 사람이 아무렇지 않은 듯이 걸어 다니며 계란을 내리고 있었던 것입니다. 그때까지 내가 알고 있던 바로는 계란은 깨지기 쉬우므로 매우 조심해서 다루어야 하는 물건이었기 때문에 사람이 얇은 합판 한 장을 깔고 그 위를 자유롭게 걸어 다니리라고는 전혀 상상도 못했던 것입니다. 그러나 계란 판에 가지런히 모여 있는 계란들은 사람이 그 위를 걸어 다녀도 끄떡없을 만큼 강했습니다. 이처럼 우리 그리스도인들도 혼자 있을 때는 깨지기 쉬운 계란처럼 약할지라도 함께 모여 연합한 가운데 있을 때는 우리가 상상도 못했던 큰 능력을 나타낼 수 있는 것입니다. 성경 말씀의 교훈도 명백합니다. "한 사람이면 패하겠거니와 두 사람이면 능히 당하나니 삼겹줄은 쉽게 끊어지지 아니하느니라"(전도서 4:12).

하늘나라에 대한 소망도 그리스도인이 함께 모여 교제하는 가운데서 더욱 새로워지고 분명하게 됩니다. 사도 바울은 성도들이 바로 자기의 소망이라고 하였습니다. "우리의 소망이나 기쁨이나 자랑의 면류관이 무엇이냐? 그의 강림하실 때 우리 주 예수 앞에 너희가 아니냐? 너희는 우리의 영광이요 기쁨이니라"(데살로니가전서 2:19-20). 우리의 영광과 기쁨과 자랑의 면류관도 바로 우리가 함께 주님 안에서 교제를 나누는 형제 자매들인 것입니다. 이 교제 안에서 하늘나라의 그 엄청난 기업들이 우리 각자의 것이 되기 때문에 더욱 힘써 모여 교제해야 하는 것입니다.

우리 주위에는 자기들 모임에 빠진다고 불평하며 그리스도인의 모임에 나가는 것을 비방하는 사람들이 있습니다. 이런 어려움과 유혹을 이기고 교제를 지속하려면 먼저 그 가치와 유익을 분명히 알고 확신해야 합니다. 그렇지 않으면 괴로운 마음 가운데서 교제에 피동적으로 참석했다가 불안한 마음으로 돌아가게 됩니다. 쉽게 살고자 하는 태도를 떨쳐 버리고 어려움을 부딪쳐 나가야 합니다. 교제는 생명처럼 가치가 있는 것이기 때문입니다.

두 번째로 모이기를 폐하는 습관에 빠져들게 하는 것은 **사람에 대한 부담감**입니다. 어떤 이유에서든 사람에 대한 부담감이 있으면 모이기를 꺼려하게 됩니다. 실패와 좌절에 부딪혔을 때, 시기심이 있을 때, 다른 사람의 간섭이나 감독받는 것을 싫어하는 교만한 마음이 있을 때 사람에 대한 부담감이 생깁니다. 또는 성격적인 결함, 열등감 등이 있을 때 모이기를 폐하고 싶어지는 것입니다. 혼자 있으면 이런 문제들이 해결될 것으로 생각하기 때문에 그렇게 하지만 그것은 결코 해결책이 아닙니다. 스스로를 속이는 것에 불과합니다. 하나님께서는 우리를 한 몸으로 부르셨기 때문에 혼자 있음으로 인하여 잘되도록 하지 않으셨습니다. 어떤 문제가 있을 때 혼자 있으면 더 큰 죄의 도전에 휩싸이기가 쉽습니다.

예수님께서는 요한복음 17:21에서 참으로 열정적으로 이렇게 기도하셨습니다. "아버지께서 내 안에, 내가 아버지 안에 있는 것같이, 저희도 다 하나가 되어 우리 안에 있게 하사 세상으로 아버지께서 나를 보내신 것을 믿게 하옵소서." 우리가 다 하나가 되길 기도하신 것입니다. 이 기도에서 예수님은 우리가 하나가 되는 수준이 어떠해야 하는가를 가르쳐 주셨습니다. 그것은 예수님과 아버지 하나님께서 하나가 되신 것 같아야 한다는 것입니다. 예수님의 기도는 곧 예수님의 관심입니다. 우리가 진정 예수님을 사랑한다면 그분의 관심과 일치된 관심을 가져야 마땅합니다. 그러므로 서로 교제 가운데 하나가 되도록 열심을 내야 합니다.

또 우리는 예수님의 이 기도를 통하여 우리가 틀림없이 하나가 될 수 있다는 확신을 가지게 됩니다. 우리는 서로 생각이 다르고 개성이 다르고 자라 온 배경도 다르고 외모도 다릅니다. 이렇게 서로 다른 우리 각자가 다 하나가 된다고 하는 것이 매우 힘든 것처럼 여겨질 수 있습니다. 그러나 예수님께서 우리가 다 하나가 되도록 기도하셨고 하나님께서는 틀림없이 그 기도를 들어주시기 때문에, 우리는 반드시 예수님께서 기도하신 그 수준으로 하나가 될 수 있습니다. 이것을 믿어야 합니다.

또한 예수님께서는 이렇게 우리가 하나가 될 때 세상에 복음의 역사가 더욱 크게 일어나게 될 것을 가르쳐 주셨습니다. 즉, 예수님께서는 믿는 우리가 하나가 될 때 이것이 증거가 되어 세상 사람들이 예수님이 그리스도이심을 믿게 될 것을 내다보시고 이것을 위하여 기도하셨던 것입니다. 이 세상은 항상 어떠한 증거를 보고 믿기를 바라는 것입니다. 우리의 말을 듣고 믿기보다는 우리가 보여 주는 증거를 보고 믿기를 원합니다. 증거라 하면 우리는 흔히 어떤 신비한 기적 따위를 생각하곤 하는데, 예수님께서는 우리가 세상에 드러내 보일 큰 증거가 바로 그리스도인들이 다 하나가 되는 것이라고 말씀하신 것입니다. 본래 욕심과 시기심이 가득하고 이기적이며 제각기 자기 길을 가기 좋아하는 죄악 된 우리가 서로 사랑하고 격려하며 서로 하나가 되는 것만큼 놀라운 기적이 또 어디 있겠습니까? 이것은 어떤 불치의 병을 치료하는 것보다도 더 놀라운 기적인 것입니다. 이 기적을 보여 줄 때 사람들은 예수님께로 돌아오게 됩니다. 그것은 매력을 주는 기적이기 때문입니다.

한 선교사가 인도의 어느 마을을 전도 목표지로 삼아 매일 그곳으로 걸어가 복음을 전했습니다. 그런데 그곳 사람들은 자기들과 좀 색다른 것에는 심한 거부 반응을 나타내는 습관이 있었습니다. 그럼에도 불구하고 그는 매일 그 먼 거리를 걸어가서 열심히 하나님의 말씀을 그들에게 증거했습니다. 그러나 아무도 그의 말을 귀담아들으려고 하지 않았습니다. 아침마다 새로운 기대를 걸고 갔지만 저녁에 돌아올 때는 늘 실망에 차 있었습니다. 그러면서 그는 '하나님께서 나에게 무슨 특별한 기적을 일으킬 수 있는 능력이라도 주시면 좋겠다' 하는 생각을 하곤 했습니다. 죽은 사람을 살린다든가, 앉은뱅이를 일으킨다든가, 장님의 눈을 뜨게 한다든가 하면 사람들이 자기 말을 들을 텐데 하는 생각을 했던 것입니다. 그러나 자기에게는 그런 은사가 없었고 사람들의 관심을 끌 만한 무슨 특별한 재능도 없었습니다. 그런 능력을 보이면 자기도 신나고, 많은 사람들에게 복음을 효과적으로 전할 수 있을 텐데 하는 생각이 문득문득 떠오르곤 했지만, 그는 실망하지 않고 여전히 먼 길을 걸어가 복음을 전했습니다. 이러는 사이에 그의 온 몸과 팔다리는 지칠 대로 지치고 발바닥은 부르트고 물집이 더덕더덕 생길 정도가 되었습니다.

그러던 어느 날 그는 지칠 대로 지친 상태에서 동네 어귀의 큰 나무 밑에서 부르튼 발을 드러내 놓고 쉬고 있다가 잠이 들었습니다. 얼마 후 사람들의 웅성거리는 소리에 잠이 깨어 눈을 떠보니 과연 마을 사람들이 자기 주위에 몰려와 있었습니다. 그중 한 사람이 그에게 다가와 말을 꺼냈습니다. "우리가 지금까지 당신에게 너무 모질게 대한 것 같습니다. 우리가 나빴습니다. 당신에게 많은 죄를 지었습니다. 지금까지 당신의 말을 전혀 듣질 않았는데, 당신이 발바닥에 온통 물집이 생기고 부르트게 되었는데도 불구하고 우리에게 찾아오는 것을 보니 필경 당신의 전하는 말이 중요하고 심각한 것이라 생각됩니다. 그러니 이제 그 말을 들어 봅시다." 이리하여 그 사람이 예수님을 믿게 되었고 그날로 수많은 동네 사람들이 모여 복음을 귀 기울여 듣고 예수님을 믿게 되었다고 합니다.

그의 발바닥에 난 물집이 바로 마을 사람들에게 증거가 되었던 것입니다. 이와 같이 세상 사람들은 증거가 있을 때 믿을 수 있게 됩니다. 우리가 보여 줄 수 있는 증거는 과연 무엇입니까? 예수님께서는 우리가 서로 하나가 되는 것이 세상에 보일 증거라고 하셨습니다. 우리의 발바닥에 있어야 할 물집은 바로 서로 하나가 되기 위하여 모이기를 힘쓰느라고 생긴 물집이 되어야 합니다. 이 물집은 모든 어려움을 무릅쓰고 먼 길을 걸을 때 생기는 것입니다.

세 번째로 모이기를 폐하는 요소는 두 마음을 품고 사는 것입니다. 야고보서 4:8에서는, "하나님을 가까이하

라. 그리하면 너희를 가까이하시리라. 죄인들아, 손을 깨끗이 하라. 두 마음을 품은 자들아, 마음을 성결케 하라"고 하였습니다. 우리가 품는 두 마음이란 어떤 것이겠습니까? 하나님과 세상을 한꺼번에 사랑하는 마음입니다. 영적인 것을 원하면서도 한편 세상적인 것도 욕심내는 마음입니다. 이러한 마음이 곧 하나님 앞에서는 성결치 못한 마음이며, 한마디로 더러운 마음인 것입니다.

이런 두 마음이 있을 때 교제를 위하여 열심히 모이는 것은 자기에게 손해인 것처럼 생각됩니다. 몸은 그리스도인의 교제의 자리에 와 있어도 마음은 자기가 추구하는 세상일에 가 있기도 합니다. 이런 두 마음을 품은 사람은 결국 세상적인 것에 빠지게 되든지, 아니면 세상적인 것과 영적인 축복을 모두 다 잃어버리고 맙니다. 주님께서는 분명히 마태복음 6:33에서 명하시고 또 약속하셨습니다. "너희는 먼저 그의 나라와 그의 의를 구하라. 그리하면 이 모든 것을 너희에게 더하시리라." 모든 것을 우리에게 주신다고 약속하셨습니다. 열쇠는 우리가 한마음을 품고 먼저 주님의 나라와 주님의 의를 구하는 삶을 사는 데 있습니다.

우리는 언제든지 자기 마음속에 모이기를 주저하는 것이 있을 때 그 원인이 무엇인지 발견하고 즉각적으로 하나님 앞에서 해결해야 합니다. 표면적인 이유는 다른 것 같지만 대개 앞에서 살펴본 세 가지가 문제가 되어 교제에 적극적으로 임하지 못하게 되는 것을 봅니다. 핍박이나 어려움을 피하여 쉽게 살려고 하는 마음, 사람을 의식하고 두려워하는 데서 생긴 부담감, 그리고 하나님과 세상을 동시에 사랑하는 두 마음이 바로 그것입니다.

Ⅲ. 교제의 절박성

그날이 가까움을 볼수록…

"그날이 가까움을 볼수록 더욱 그리하자."

 우리는 무슨 일을 하든지 상황을 올바르게 직시하는 시야를 가져야 합니다. 만약 고등학교 3학년 수험생 중에 앞으로 다가오는 대학 입시를 내다보지 못하는 학생이 있다면, 그는 그 시험을 위하여 결코 열심히 공부하지 않을 것입니다. 시합을 앞에 둔 운동선수가 그것을 내다보지 못하고 훈련을 게을리한다면, 그는 틀림없이 그날에 비참한 결과를 맞고 심한 부끄러움을 느끼게 될 것입니다. 만약 그리스도인들 중에 '그날이 가까움을 바라보지 못하는' 사람이 있다면, 그도 역시 더욱 큰 부끄러움을 당하게 될 것입니다. 그리스도인은 늘 주님이 오실 때가 가까움을 바라보아야 합니다. 주님이 오실 날이 가까운 것을 알 때 혼자 있고 싶어 하는 사람은 없어집니다. 혼자 헛된 일을 하다가 예수님이 재림하시면 얼마나 부끄럽겠습니까?

시편 133편은 교제의 아름다움을 이렇게 노래하고 있습니다.

> 형제가 연합하여 동거함이 어찌 그리 선하고 아름다운고. 머리에 있는 보배로운 기름이 수염 곧 아론의 수염에 흘러서 그 옷깃까지 내림 같고, 헐몬의 이슬이 시온의 산들에 내림 같도다. 거기서 여호와께서 복을 명하셨나니 곧 영생이로다.

주님 안에서 한 가족이 된 형제 자매들로부터 멀리 떠나 혼자 방황하다가 주님의 날을 맞지 않도록 해야 합니다. 주님의 축복은 이 선하고 아름다운 교제로부터 흘러내리는 것입니다.

요한복음 20장에 보면 예수님께서 부활하여 제자들에게 나타나셨을 때 제자 중에 한 사람이 그 자리에 없었습니다. 그는 도마였습니다. 도마는 다른 제자들과 함께 교제하는 가운데 머물러 있지 않았습니다. 그는 다른 제자들이 예수님의 부활에 대하여 증거하며 그 기쁨을 이야기

할 때 믿지 않았습니다. 그러므로 그는 다른 제자들이 교제 가운데 있음으로 인하여 누릴 수 있었던 평강과 기쁨과 축복을 누리지 못했던 것입니다. 나중에야 그도 예수님의 은혜와 사랑으로 인하여 주님의 부활을 알게 되기는 했지만 교제에 함께하지 않은 만큼 다른 사람들보다 늦게 그 축복을 맛보았던 것입니다. 그러므로 오늘날의 우리도 주님 오심이 가까울수록 더욱 열심히 교제하며 영적인 삶에 드려진 가운데 주님의 재림을 맞이해야 합니다.

또한 우리가 '그날이 가까움을 볼수록' 더불어 바라보아야 할 것이 있습니다. 그것은 바로 우리가 살고 있는 세상의 형편입니다. 예수님의 재림이 가까워 올수록 세상은 더욱더 죄악이 차고 넘칩니다. 디모데후서 3장에서는 이러한 세상의 모습을 직시하며 그런 풍조로부터 단호하게 떠날 것을 강하게 권면하고 있습니다.

네가 이것을 알라. 말세에 고통하는 때가 이르리니, 사람들은 자기를 사랑하며, 돈을 사랑하며, 자긍하며, 교만하며, 훼방하며… 배반하여 팔며, 조급하며, 자고하며, 쾌락을 사랑하기를 하나님 사랑하는 것보다 더하며, 경건의 모양은 있으나 경건의 능력은 부인하는 자니, 이 같은 자들에게서 네가 돌아서라. (디모데후서 3:1-5)

이 말씀은 우리에게 두 가지를 명하고 있습니다. 먼저는 이 세대가 믿음 지키기가 어려운 죄악 된 세대임을 알라는 것이며, 다음에는 이러한 유혹의 환경으로부터 돌아서라는 것입니다. 여기서 돌아서서 어디로 향해야 하겠습니까? 그것은 바로 서로 사랑과 선행을 격려하는 그리스도인의 교제인 것입니다.

이러므로 그리스도인은 교제에 임하면서 이 세대에 대한 올바른 분별력을 가지고 있어야 합니다. 이 죄악 된 세상 가운데서 역사하는 사탄을 직시해야 합니다. 사탄은 겉으로는 언제나 자신을 광명의 천사로 가장하여 우리에게 접근해 옵니다(고린도후서 11:14 참조). 그러나 실상은 우는 사자같이 두루 다니며 삼킬 자를 찾아다니고 있습니다(베드로전서 5:8 참조). 사탄은 약은 존재입니다. 으르렁거리며 찾아다니다가 마침내 공격 목표로 정하고 덤벼드는 대상은 혼자 있는 사람입니다. 그러므로 히브리서 3:13 말씀에서는 "오직 오늘이라 일컫는 동안에 매일 피차 권면하여 너희 중에 누구든지 죄의 유혹으로 강퍅케 됨을 면하라"고 하였습니다. 내일이나 모레, 다음 주, 다음 달은 너무 늦으며 장담할 수도 없습니다. 오직 우리에게 주어진 날은 오늘입니다. 그날이 가까움을 바라볼수록 더욱 이 세대와 그 가운데 역사하는 사탄의 궤계를 직시하고, 서로를 권면해야 합니다. 더욱 교제에 열심을 기울이도록 서로 박차를 가해야 합니다.

네비게이토 선교회의 세계 전도 책임자인 리로이 아임스는 "그리스도인의 교제로부터 떠난 사람이 건강한 믿음 가운데 사는 것을 거의 보지 못했다"고 말한 적이 있습니다. 교제는 선택 과목이 아니라 필수 과목입니다. 하면 좋고 하지 않아도 별문제 없는 것이 아니라 반드시 해야 하는 것입니다. 교제는 하나님의 명령이기 때문입니다. 함께 모여 있을 때는 벌겋게 타오르던 숯불도 따로따로 흩어 놓으면 이내 꺼져 버리고 마는 것을 봅니다. 그리스도인들도 이와 같이 함께 모여 교제할 때 그 가운데서 뜨거운 사랑의 불길이 타오르게 되지만, 따로 떨어져 있으면 사랑이 곧 식어지고 영적인 활기가 사라지게 되는 것입니다. 우리 주님께서는 마태복음 18:20에서 "두세 사람이 내 이름으로 모인 곳에는 나도 그들 중에 있느니라"고 약속하셨습니다. 예수님께서는 교제 가운데 있는 사람과 함께하여 주시겠다고 약속하고 계십니다.

거의 모든 음식의 맛을 낼 때 빠뜨릴 수 없는 것이 소금입니다. 다른 모든 재료와 양념이 들어갔어도 소금이 없으면 제 맛이 나지 않는 것이 많습니다. 이처럼 긴요한 소금이지만 따로 떨어져 있는 소금 알맹이 하나는 그 귀한 용도로 사용되지 못합니다. 음식의 맛을 내는 데 실제적으로 사용되는 소금은 소금 그릇에 모여 있는 것입니다. 혼자 떨어져 있는 소금 알맹이는 티끌처럼 버려지기가 쉽습니다. "너희는 세상의 소금이니 소금이 만일 그 맛을 잃으면 무엇으로 짜게 하리요…"(마태복음 5:13)라고 하신 주님의 말씀처럼 그리스도인은 바로 세상의 소금입니다. 소금 알맹이 하나로는 음식 맛을 내지 못하듯이 그리스도인들도 혼자 힘으로는 세상에 참맛을 주지 못합니다. 더구나 주님의 날이 가까워 올수록 그리스도인이 세상의 소금으로서 맛을 내기가 어려워지고 있습니다. 그러므로 함께 모여 맛을 내야 합니다.

그날이 가까움을 바라보고 있습니까? 주님의 이름으로 모이기를 더욱 힘쓰고 서로 돌아보아 사랑과 선행을 격려해야 합니다.

개인 적용

1. 그리스도인의 교제는 세상 사람들의 교제와 어떻게 다릅니까?

2. 당신이 그리스도인의 교제에 적극적으로 함께하는 데에 방해가 되는 요인은 어떤 것들입니까?

3. 이러한 방해 요인들을 어떻게 정리하고 해결할 것인지, 이에 대한 당신의 새로운 계획은 무엇입니까?

* 네비게이토 소책자 시리즈 *

1. 성경암송을 통하여 주님께로 돌아오다 …………………… 도슨 트로트맨
2. 시대의 요청 ……………………………………………… 도슨 트로트맨
3. 재생산을 위한 출생 ……………………………………… 도슨 트로트맨
4. 수레바퀴 예화 ………………………………………………… 네비게이토
5. 일대일 사역 ……………………………………………………… 잭 그리핀

6. 제자의 특징 …………………………………………………………… 론 쩨니
7. 하나님의 뜻을 아는 법 ……………………………………… 러쓰 존스톤
8. 기도의 하루를 보내는 방법 ………………………………………… 론 쩨니
9. 기도 응답을 받는 방법 ……………………………………… 제리 브릿지스
10. 경건한 여인 …………………………………………………… 라일라 스팍스

11. 전도를 즐기는 삶 (영문판: A Life That Enjoys Evangelism) …… 하진승
12. 섬김을 위한 부르심 …………………………………………………… 레이 호
13. 정 직 …………………………………………………………… 헬렌 애쉬커
14. 그리스도를 닮아감 …………………………………………………… 짐 화이트
15. 최후의 승리를 얻기까지 …………………………………… 월터 헨릭슨

16. 전도의 열정 ………………………………………………… 로버트 콜만
17. 영적인 의지력 ……………………………………………… 제리 브릿지스
18. 사고방식의 변화 ……………………………………………… 조지 산체스
19. 대인 관계의 성서적 지침 …………………………………… 조지 산체스
20. 말씀의 손 예화 ……………………………………………………… 네비게이토

21. 열 심 (영문판: ZEAL) …………………………………………… 하진승
22. 원만한 결혼 생활 …………………………………… 잭 & 캐롤 메이홀
23. 조지 뮐러 ……………………………………………………………… A. 심즈
24. 말씀 중심의 삶 ………………………………………………………… 하진승
25. 주제별 성경 암송 제1권 ………………………………………… 네비게이토

26. 주제별 성경 암송 제2권 ………………………………………… 네비게이토
27. 주제별 성경 암송 제3권 ………………………………………… 네비게이토
28. 서로 돌아보아 ………………………………………………………… 하진승
29. 양 육 …………………………………………………………………… 네비게이토
30. 경건이란 무엇인가 ………………………………………… 제리 브릿지스

31. 권위와 복종 …………………………………………………………… 론 쩨니
32. 고난 중 도우시는 하나님 ………………………………… 샌디 에드먼슨
33. 기도의 특권을 누리자 ………………………………………………… 하진승
34. 은혜로운 말 ………………………………………………… 캐롤 메이홀
35. 하나님을 의뢰함 …………………………………………… 제리 브릿지스

36. 친밀한 부부 관계의 원리 ………………………………… 짐 & 제리 화이트
37. 배우는 자로 살자 (영문판: Live as a Learner) ………………… 하진승
38. 합력하여 선을 이루시는 하나님 ………………………… 리처드 크렌즈
39. 고난 중의 소망 ……………………………………………………… 덕 스팍스
40. 청년의 시기를 어떻게 보낼 것인가 (영문판: How to Live Out Our Youth) … 하진승

* 네비게이토 소책자 시리즈 *

41. 약속을 주장하는 삶 ･････････････････････････････ 덕 스파스
42. 경건의 시간을 갖는 법 ･･････････････････ 워렌 & 룻 마이어스
43. 개인의 중요성 ････････････････････････････････････ 론 쎄니
44. 헌신 ･･･ 로버트 보드만
45. 내가 배운 교훈들 ･･･････････････････････････ 오스왈드 샌더스

46. 하나님의 말씀은 ･････････････････････････････････ 하진승
47. 현숙한 여인 ･･････････････････････････････････ 신시아 힐드
48. 어떻게 친구를 사귈 것인가 ･･････････････ 제리 & 메리 화이트
49. 외로움을 느낄 때 ･･･････････････････････ 엘리자베스 엘리엇
50. 하나님께서는 당신의 직업을 귀히 여기신다 ･･･････ 셔먼 & 헨드릭스

51. 자녀의 자부심을 키워 주는 법 ･･･････････ 게리 스몰리 & 존 트렌트
52. 직장 생활에서 낙심될 때 ･････････････････････････ 덕 셔먼
53. 스트레스를 다루는 법 ･････････････････････････････ 단 워릭
54. 서로 의견이 엇갈릴 때 ･･･････････････････ 잭 & 캐롤 메이홀
55. 그리스도인의 삶의 올바른 동기 ･････････････････････ 하진승

56. 나를 기뻐하시며 사랑하시는 하나님 ･･･････････ 룻 마이어즈
57. 제자삼는 삶의 동기력 ･････････････････････････ 짐 화이트
58. 기도 - 보이지 않는 적과의 싸움 ･･････････････ 제리 브릿지스
59. 효과적인 간증 ･･･････････････････････････････ 데이브 도슨
60. 감격하며 살아야 할 그리스도인 ･･･････････････････ 하진승

61. 믿음의 경주 ･･････････････････････････････････････ 잭슨 양
62. 사도 바울의 영적 지도력 ･･･････････････････ 오스왈드 샌더스
63. CARE (서로 보살피는 부부) ･････････････････････ 하진승
64. 참 특이한 기도 (PPP: Pretty Peculiar Prayers) ･･････････ 하진승
65. 모세의 순종 ･････････････････････････････････････ 웡킴톡

66. 상급으로 주신 자녀 ･････････････････････････････ 하진승
67. 하나님께서 쓰시는 사람 ･･･････････････････ 월터 헨릭슨
68. 기도의 본 ･･･････････････････････････････ 워렌 & 룻 마이어즈
69. 다윗의 한 가지 소원 ･･････････････････････････ 조이스 터너
70. 생명을 구하는 삶 ････････････････････････ 피터슨 & 드렐켈드

71. 순종의 축복 ･･･････････････････････････････････ 마르다 대처
72. 참 좋으신 하나님 아버지 ･･･････････････････ 리로이 아임스
73. 하늘에 보물을 쌓는 삶 ･･････････････････････････ 잭 메이홀
74. 거룩 : 하나님께 성별된 삶 ･･････････････････････ 헬렌 애쉬커
75. 가정의 중요성 (영문판: Importance of Home & Family) ･････ 하진승

76. 날마다 제 십자가를 지고 (영문판: Taking Up the Cross Daily) ･････ 하진승
77. 제자의 올바른 태도 ･･････････････････････････････ 론 쎄니
78. 주님의 부르심을 따라가는 삶 ････････････････････ 하진승
79. 견고하게 평생 지속해야 할 일 ････････････････････ 하진승

서로 돌아보아…

1988년 2월 23일 초판 1쇄 발행
2013년 4월 25일 3판 1쇄 발행
2024년 2월 1일 3판 4쇄 발행

펴낸곳: 네비게이토 출판사 ⓒ
주소: 03784 서울시 서대문구 연희로 16 (창천동)
전화: 02) 334-3305(대표), 334-3037(주문), FAX: 334-3119
홈페이지: http://navpress.co.kr
출판등록: 제10-111호(1973년 3월 12일)
ISBN 978-89-375-0468-6 02230

본 출판사의 서면 허락 없이는 본서의 전부 또는
일부의 무단 복제, 또는 원문에 대한 무단 번역을 금합니다.